Date _____ Match _____

Opponent _____ Home ○ Away ○

Players

1	
2	
3	
4	
5	
6	
7	
8	
9	
10	
11	
12	
13	
14	
15	
16	
17	
18	

Coaching Notes

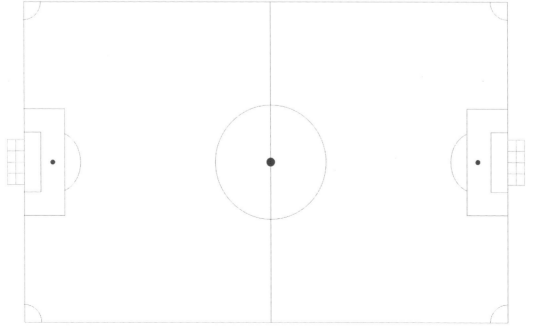

Date _____   Match _____

Opponent _____   Home ◯   Away ◯   Final Score ☐ — ☐

Players   Coaching Notes

1	
2	
3	
4	
5	
6	
7	
8	
9	
10	
11	
12	
13	
14	
15	
16	
17	
18	

Date _____   Match _____

Opponent _____   Home ◯   Away ◯   Final Score ☐ — ☐

Players	Coaching Notes
1	
2	
3	
4	
5	
6	
7	
8	
9	
10	
11	
12	
13	
14	
15	
16	
17	
18	

Date _____ Match _____

Opponent _____ Home ○   Away ○   Final Score ☐ — ☐

Players   Coaching Notes

1	
2	
3	
4	
5	
6	
7	
8	
9	
10	
11	
12	
13	
14	
15	
16	
17	
18	

Date _____   Match _____

Opponent _____   Home ◯   Away ◯   Final Score ☐ — ☐

Players   Coaching Notes

1
2
3
4
5
6
7
8
9
10
11
12
13
14
15
16
17
18

Date	Match
Opponent	Home ◯ Away ◯ Final Score ☐ — ☐

Players

Coaching Notes

Players	Coaching Notes
1	
2	
3	
4	
5	
6	
7	
8	
9	
10	
11	
12	
13	
14	
15	
16	
17	
18	

Date _____   Match _____

Opponent _____   Home ◯   Away ◯   Final Score ☐ — ☐

Players   Coaching Notes

1
2
3
4
5
6
7
8
9
10
11
12
13
14
15
16
17
18

Date		Match				

Date _____ Match _____

Opponent _____ Home ○ Away ○ Final Score ☐ — ☐

Players

1	
2	
3	
4	
5	
6	
7	
8	
9	
10	
11	
12	
13	
14	
15	
16	
17	
18	

Coaching Notes

Date _____   Match _____

Opponent _____   Home ◯   Away ◯   Final Score ☐ — ☐

Players   Coaching Notes

1	
2	
3	
4	
5	
6	
7	
8	
9	
10	
11	
12	
13	
14	
15	
16	
17	
18	

Date _____   Match _____

Opponent _____   Home ◯   Away ◯   Final Score ▢ — ▢

Players   Coaching Notes

1	
2	
3	
4	
5	
6	
7	
8	
9	
10	
11	
12	
13	
14	
15	
16	
17	
18	

Date _____   Match _____

Opponent _____   Home ◯   Away ◯   Final Score ☐ — ☐

Players   Coaching Notes

1
2
3
4
5
6
7
8
9
10
11
12
13
14
15
16
17
18

Date _____   Match _____

Opponent _____   Home ◯   Away ◯   Final Score [   ] — [   ]

Players   Coaching Notes

1	
2	
3	
4	
5	
6	
7	
8	
9	
10	
11	
12	
13	
14	
15	
16	
17	
18	

Date _____   Match _____

Opponent _____   Home ◯   Away ◯   Final Score [ ] — [ ]

Players   Coaching Notes

1
2
3
4
5
6
7
8
9
10
11
12
13
14
15
16
17
18

Date _____   Match _____

Opponent _____   Home ◯   Away ◯   Final Score ☐ — ☐

Players   Coaching Notes

1	
2	
3	
4	
5	
6	
7	
8	
9	
10	
11	
12	
13	
14	
15	
16	
17	
18	

Date _____   Match _____

Opponent _____   Home ◯   Away ◯   Final Score ☐ — ☐

Players   Coaching Notes

| 1 |
| 2 |
| 3 |
| 4 |
| 5 |
| 6 |
| 7 |
| 8 |
| 9 |
| 10 |
| 11 |
| 12 |
| 13 |
| 14 |
| 15 |
| 16 |
| 17 |
| 18 |

Date _____   Match _____

Opponent _____   Home ◯   Away ◯   Final Score ☐ — ☐

Players   Coaching Notes

1	
2	
3	
4	
5	
6	
7	
8	
9	
10	
11	
12	
13	
14	
15	
16	
17	
18	

Date _____   Match _____

Opponent _____   Home ◯   Away ◯   Final Score ☐ — ☐

Players	Coaching Notes
1	
2	
3	
4	
5	
6	
7	
8	
9	
10	
11	
12	
13	
14	
15	
16	
17	
18	

Date _____   Match _____

Opponent _____   Home ◯   Away ◯   Final Score ☐ — ☐

Players

1	
2	
3	
4	
5	
6	
7	
8	
9	
10	
11	
12	
13	
14	
15	
16	
17	
18	

Coaching Notes

Date _____   Match _____

Opponent _____   Home ◯   Away ◯   Final Score ☐ — ☐

Players   Coaching Notes

| 1 |
| 2 |
| 3 |
| 4 |
| 5 |
| 6 |
| 7 |
| 8 |
| 9 |
| 10 |
| 11 |
| 12 |
| 13 |
| 14 |
| 15 |
| 16 |
| 17 |
| 18 |

Date _____   Match _____

Opponent _____   Home ◯   Away ◯   Final Score [ ] — [ ]

Players   Coaching Notes

1	
2	
3	
4	
5	
6	
7	
8	
9	
10	
11	
12	
13	
14	
15	
16	
17	
18	

Date _____   Match _____

Opponent _____   Home ◯   Away ◯   Final Score [ ] — [ ]

Players   Coaching Notes

| 1 |
| 2 |
| 3 |
| 4 |
| 5 |
| 6 |
| 7 |
| 8 |
| 9 |
| 10 |
| 11 |
| 12 |
| 13 |
| 14 |
| 15 |
| 16 |
| 17 |
| 18 |

Date _____   Match _____

Opponent _____   Home ◯   Away ◯   Final Score ☐ — ☐

Players   Coaching Notes

1	
2	
3	
4	
5	
6	
7	
8	
9	
10	
11	
12	
13	
14	
15	
16	
17	
18	

Date _____   Match _____

Opponent _____   Home ◯   Away ◯   Final Score ☐ — ☐

Players	Coaching Notes
1	
2	
3	
4	
5	
6	
7	
8	
9	
10	
11	
12	
13	
14	
15	
16	
17	
18	

Date _____   Match _____

Opponent _____   Home ◯   Away ◯   Final Score ☐ — ☐

Players

1	
2	
3	
4	
5	
6	
7	
8	
9	
10	
11	
12	
13	
14	
15	
16	
17	
18	

Coaching Notes

Date _____ Match _____

Opponent _____ Home ◯ Away ◯   Final Score ☐ — ☐

Players	Coaching Notes
1
2
3
4
5
6
7
8
9
10
11
12
13
14
15
16
17
18

Date _____   Match _____

Opponent _____   Home ◯   Away ◯   Final Score [ ] — [ ]

Players   Coaching Notes

1	
2	
3	
4	
5	
6	
7	
8	
9	
10	
11	
12	
13	
14	
15	
16	
17	
18	

Date _____   Match _____

Opponent _____   Home ◯   Away ◯   Final Score ☐ — ☐

Players		Coaching Notes
1		
2		
3		
4		
5		
6		
7		
8		
9		
10		
11		
12		
13		
14		
15		
16		
17		
18		

Date _____   Match _____

Opponent _____   Home ◯   Away ◯   Final Score [ ] — [ ]

Players   Coaching Notes

1	
2	
3	
4	
5	
6	
7	
8	
9	
10	
11	
12	
13	
14	
15	
16	
17	
18	

Date _____   Match _____

Opponent _____   Home ◯   Away ◯   Final Score [ ] — [ ]

Players   Coaching Notes

1	
2	
3	
4	
5	
6	
7	
8	
9	
10	
11	
12	
13	
14	
15	
16	
17	
18	

Date _____   Match _____

Opponent _____   Home ◯   Away ◯   Final Score ☐ — ☐

Players

1	
2	
3	
4	
5	
6	
7	
8	
9	
10	
11	
12	
13	
14	
15	
16	
17	
18	

Coaching Notes

Date _____

Match _____

Opponent _____

Home ○   Away ○

Final Score ☐ — ☐

Players

1	
2	
3	
4	
5	
6	
7	
8	
9	
10	
11	
12	
13	
14	
15	
16	
17	
18	

Coaching Notes

Date _____   Match _____

Opponent _____   Home ◯   Away ◯   Final Score ☐ — ☐

Players   Coaching Notes

1	
2	
3	
4	
5	
6	
7	
8	
9	
10	
11	
12	
13	
14	
15	
16	
17	
18	

Date _____   Match _____

Opponent _____   Home ◯   Away ◯   Final Score ☐ — ☐

Players   Coaching Notes

1

2

3

4

5

6

7

8

9

10

11

12

13

14

15

16

17

18

Date _____   Match _____

Opponent _____   Home ◯   Away ◯   Final Score ☐ — ☐

Players

1	
2	
3	
4	
5	
6	
7	
8	
9	
10	
11	
12	
13	
14	
15	
16	
17	
18	

Coaching Notes

Date _____   Match _____

Opponent _____   Home ◯   Away ◯   Final Score [ ] — [ ]

Players   Coaching Notes

| 1 |
| 2 |
| 3 |
| 4 |
| 5 |
| 6 |
| 7 |
| 8 |
| 9 |
| 10 |
| 11 |
| 12 |
| 13 |
| 14 |
| 15 |
| 16 |
| 17 |
| 18 |

Date _____   Match _____

Opponent _____   Home ◯   Away ◯   Final Score ☐ — ☐

Players

1	
2	
3	
4	
5	
6	
7	
8	
9	
10	
11	
12	
13	
14	
15	
16	
17	
18	

Coaching Notes

Date _____   Match _____

Opponent _____   Home ◯   Away ◯   Final Score ▢ — ▢

Players   Coaching Notes

1
2
3
4
5
6
7
8
9
10
11
12
13
14
15
16
17
18

Date _____   Match _____

Opponent _____   Home ◯   Away ◯   Final Score ☐ — ☐

Players   Coaching Notes

1	
2	
3	
4	
5	
6	
7	
8	
9	
10	
11	
12	
13	
14	
15	
16	
17	
18	

Date _____   Match _____

Opponent _____   Home ◯   Away ◯   Final Score [ ] — [ ]

Players   Coaching Notes

| 1 |
| 2 |
| 3 |
| 4 |
| 5 |
| 6 |
| 7 |
| 8 |
| 9 |
| 10 |
| 11 |
| 12 |
| 13 |
| 14 |
| 15 |
| 16 |
| 17 |
| 18 |

Date _____   Match _____

Opponent _____   Home ◯   Away ◯   Final Score ☐ — ☐

Players   Coaching Notes

1	
2	
3	
4	
5	
6	
7	
8	
9	
10	
11	
12	
13	
14	
15	
16	
17	
18	

Date _____   Match _____

Opponent _____   Home ○   Away ○   Final Score ☐ — ☐

Players	Coaching Notes
1	
2	
3	
4	
5	
6	
7	
8	
9	
10	
11	
12	
13	
14	
15	
16	
17	
18	

Date _____   Match _____

Opponent _____   Home ◯   Away ◯   Final Score ☐ — ☐

Players

1	
2	
3	
4	
5	
6	
7	
8	
9	
10	
11	
12	
13	
14	
15	
16	
17	
18	

Coaching Notes

Date _____   Match _____

Opponent _____   Home ◯   Away ◯   Final Score [   ] — [   ]

Players   Coaching Notes

1
2
3
4
5
6
7
8
9
10
11
12
13
14
15
16
17
18

Date .... Match ....

Opponent .... Home ◯　Away ◯　Final Score ☐ — ☐

Players

1	
2	
3	
4	
5	
6	
7	
8	
9	
10	
11	
12	
13	
14	
15	
16	
17	
18	

Coaching Notes

Date _____   Match _____

Opponent _____   Home ◯   Away ◯   Final Score ▢ — ▢

Players

1	
2	
3	
4	
5	
6	
7	
8	
9	
10	
11	
12	
13	
14	
15	
16	
17	
18	

Coaching Notes

Date _____   Match _____

Opponent _____   Home ◯   Away ◯   Final Score ☐ — ☐

Players

1	
2	
3	
4	
5	
6	
7	
8	
9	
10	
11	
12	
13	
14	
15	
16	
17	
18	

Coaching Notes

Date _____   Match _____

Opponent _____   Home ◯   Away ◯   Final Score ☐ — ☐

Players	Coaching Notes
1	
2	
3	
4	
5	
6	
7	
8	
9	
10	
11	
12	
13	
14	
15	
16	
17	
18	

Date _____   Match _____

Opponent _____   Home ◯   Away ◯   Final Score ☐ — ☐

Players

1	
2	
3	
4	
5	
6	
7	
8	
9	
10	
11	
12	
13	
14	
15	
16	
17	
18	

Coaching Notes

Date _____ Match _____

Opponent _____ Home ○   Away ○   Final Score ☐ — ☐

Players   Coaching Notes

| 1 |
| 2 |
| 3 |
| 4 |
| 5 |
| 6 |
| 7 |
| 8 |
| 9 |
| 10 |
| 11 |
| 12 |
| 13 |
| 14 |
| 15 |
| 16 |
| 17 |
| 18 |

Date _____   Match _____

Opponent _____   Home ⚪   Away ⚪   Final Score ☐ — ☐

Players

#	
1	
2	
3	
4	
5	
6	
7	
8	
9	
10	
11	
12	
13	
14	
15	
16	
17	
18	

Coaching Notes

Date _____   Match _____

Opponent _____   Home ○   Away ○   Final Score ☐ — ☐

Players	Coaching Notes
1	
2	
3	
4	
5	
6	
7	
8	
9	
10	
11	
12	
13	
14	
15	
16	
17	
18	

Date _____   Match _____

Opponent _____   Home ◯   Away ◯   Final Score ☐ — ☐

Players

1	
2	
3	
4	
5	
6	
7	
8	
9	
10	
11	
12	
13	
14	
15	
16	
17	
18	

Coaching Notes

Date _____   Match _____

Opponent _____   Home ○   Away ○   Final Score [ ] — [ ]

Players

1	
2	
3	
4	
5	
6	
7	
8	
9	
10	
11	
12	
13	
14	
15	
16	
17	
18	

Coaching Notes

Date _____   Match _____

Opponent _____   Home ◯   Away ◯   Final Score ▢ — ▢

Players   Coaching Notes

1	
2	
3	
4	
5	
6	
7	
8	
9	
10	
11	
12	
13	
14	
15	
16	
17	
18	

Date _____   Match _____

Opponent _____   Home ◯   Away ◯   Final Score ☐ — ☐

Players   Coaching Notes

1

2

3

4

5

6

7

8

9

10

11

12

13

14

15

16

17

18

Date _____   Match _____

Opponent _____   Home ◯   Away ◯   Final Score ☐ — ☐

Players

1	
2	
3	
4	
5	
6	
7	
8	
9	
10	
11	
12	
13	
14	
15	
16	
17	
18	

Coaching Notes

Date _____   Match _____

Opponent _____   Home ◯   Away ◯   Final Score ☐ — ☐

Players

1	
2	
3	
4	
5	
6	
7	
8	
9	
10	
11	
12	
13	
14	
15	
16	
17	
18	

Coaching Notes

Date _____   Match _____

Opponent _____   Home ◯   Away ◯   Final Score [ ] — [ ]

Players		Coaching Notes
1		
2		
3		
4		
5		
6		
7		
8		
9		
10		
11		
12		
13		
14		
15		
16		
17		
18		

Date _____   Match _____

Opponent _____   Home ◯   Away ◯   Final Score ☐ — ☐

Players

1	
2	
3	
4	
5	
6	
7	
8	
9	
10	
11	
12	
13	
14	
15	
16	
17	
18	

Coaching Notes

Date _____ Match _____

Opponent _____ Home ◯ Away ◯ Final Score ☐ — ☐

Players

1	
2	
3	
4	
5	
6	
7	
8	
9	
10	
11	
12	
13	
14	
15	
16	
17	
18	

Coaching Notes

Date _____   Match _____

Opponent _____   Home ◯   Away ◯   Final Score ☐ — ☐

Players

1 _____
2 _____
3 _____
4 _____
5 _____
6 _____
7 _____
8 _____
9 _____
10 _____
11 _____
12 _____
13 _____
14 _____
15 _____
16 _____
17 _____
18 _____

Coaching Notes

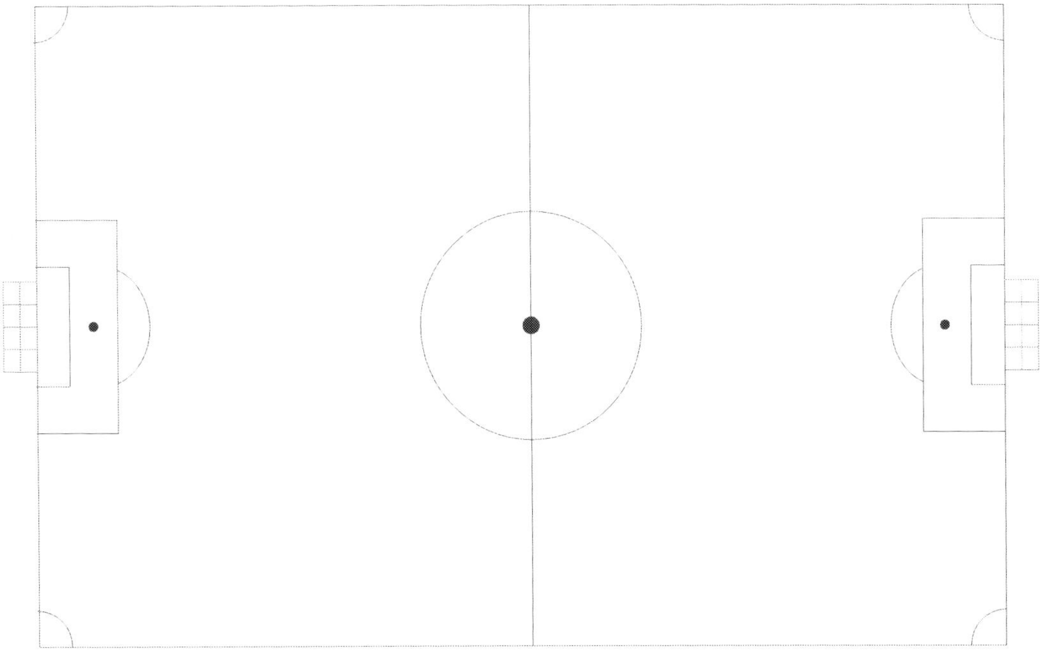

_____
_____
_____
_____
_____
_____
_____
_____
_____
_____
_____
_____
_____

Date _____   Match _____

Opponent _____   Home ◯   Away ◯   Final Score ☐ — ☐

Players

1	
2	
3	
4	
5	
6	
7	
8	
9	
10	
11	
12	
13	
14	
15	
16	
17	
18	

Coaching Notes

Date _____ Match _____

Opponent _____ Home ◯ Away ◯ Final Score ☐ — ☐

Players

1	
2	
3	
4	
5	
6	
7	
8	
9	
10	
11	
12	
13	
14	
15	
16	
17	
18	

Coaching Notes

Date _____   Match _____

Opponent _____   Home ◯   Away ◯   Final Score [   ] — [   ]

Players

1	
2	
3	
4	
5	
6	
7	
8	
9	
10	
11	
12	
13	
14	
15	
16	
17	
18	

Coaching Notes

Date _____   Match _____

Opponent _____   Home ⚪   Away ⚪   Final Score ☐ — ☐

Players   Coaching Notes

1
2
3
4
5
6
7
8
9
10
11
12
13
14
15
16
17
18

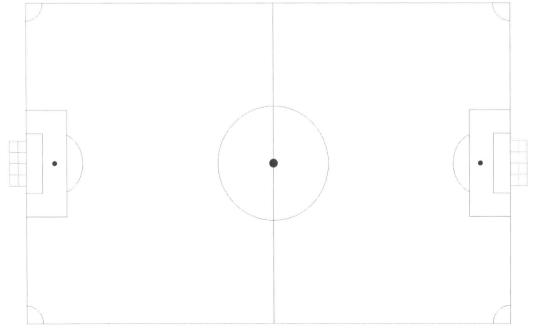

Date _____   Match _____

Opponent _____   Home ○   Away ○   Final Score ☐ — ☐

Players

1	
2	
3	
4	
5	
6	
7	
8	
9	
10	
11	
12	
13	
14	
15	
16	
17	
18	

Coaching Notes

Date _____   Match _____

Opponent _____   Home ◯   Away ◯   Final Score ☐ — ☐

Players   Coaching Notes

1
2
3
4
5
6
7
8
9
10
11
12
13
14
15
16
17
18

Date _____   Match _____

Opponent _____   Home ◯   Away ◯   Final Score ☐ — ☐

Players

1	
2	
3	
4	
5	
6	
7	
8	
9	
10	
11	
12	
13	
14	
15	
16	
17	
18	

Coaching Notes

Date _____ Match _____

Opponent _____ Home ◯ Away ◯ Final Score ☐ — ☐

Players

1	
2	
3	
4	
5	
6	
7	
8	
9	
10	
11	
12	
13	
14	
15	
16	
17	
18	

Coaching Notes

Date _____   Match _____

Opponent _____   Home ◯   Away ◯   Final Score ☐ — ☐

Players

1	
2	
3	
4	
5	
6	
7	
8	
9	
10	
11	
12	
13	
14	
15	
16	
17	
18	

Coaching Notes

Date _____   Match _____

Opponent _____   Home ◯   Away ◯   Final Score ☐ — ☐

Players	Coaching Notes
1	
2	
3	
4	
5	
6	
7	
8	
9	
10	
11	
12	
13	
14	
15	
16	
17	
18	

Date _____ Match _____

Opponent _____ Home ◯ Away ◯   Final Score ☐ — ☐

Players		Coaching Notes
1		
2		
3		
4		
5		
6		
7		
8		
9		
10		
11		
12		
13		
14		
15		
16		
17		
18		

Date _____   Match _____

Opponent _____   Home ◯   Away ◯   Final Score ☐ — ☐

Players

1	
2	
3	
4	
5	
6	
7	
8	
9	
10	
11	
12	
13	
14	
15	
16	
17	
18	

Coaching Notes

Date _____   Match _____

Opponent _____   Home ◯   Away ◯   Final Score ☐ — ☐

Players

1	
2	
3	
4	
5	
6	
7	
8	
9	
10	
11	
12	
13	
14	
15	
16	
17	
18	

Coaching Notes

Date _____   Match _____

Opponent _____   Home ◯   Away ◯   Final Score ☐ — ☐

Players   Coaching Notes

1
2
3
4
5
6
7
8
9
10
11
12
13
14
15
16
17
18

Date _____   Match _____

Opponent _____   Home ◯   Away ◯   Final Score ☐ — ☐

Players

1	
2	
3	
4	
5	
6	
7	
8	
9	
10	
11	
12	
13	
14	
15	
16	
17	
18	

Coaching Notes

Date _____   Match _____

Opponent _____   Home ◯   Away ◯   Final Score ☐ — ☐

Players

1	
2	
3	
4	
5	
6	
7	
8	
9	
10	
11	
12	
13	
14	
15	
16	
17	
18	

Coaching Notes

Date _____ Match _____

Opponent _____ Home ◯ Away ◯ Final Score ☐ — ☐

Players

1	
2	
3	
4	
5	
6	
7	
8	
9	
10	
11	
12	
13	
14	
15	
16	
17	
18	

Coaching Notes

Date _____   Match _____

Opponent _____   Home ◯   Away ◯   Final Score ☐ — ☐

Players   Coaching Notes

1
2
3
4
5
6
7
8
9
10
11
12
13
14
15
16
17
18

Date _____   Match _____

Opponent _____   Home ◯   Away ◯   Final Score ☐ — ☐

Players

1	
2	
3	
4	
5	
6	
7	
8	
9	
10	
11	
12	
13	
14	
15	
16	
17	
18	

Coaching Notes

Date _____   Match _____

Opponent _____   Home ◯   Away ◯   Final Score ☐ — ☐

Players   Coaching Notes

1
2
3
4
5
6
7
8
9
10
11
12
13
14
15
16
17
18

Date _____   Match _____

Opponent _____   Home ◯   Away ◯   Final Score ☐ — ☐

Players

1	
2	
3	
4	
5	
6	
7	
8	
9	
10	
11	
12	
13	
14	
15	
16	
17	
18	

Coaching Notes

Date _____   Match _____

Opponent _____   Home ◯   Away ◯   Final Score ☐ — ☐

Players	Coaching Notes
1	
2	
3	
4	
5	
6	
7	
8	
9	
10	
11	
12	
13	
14	
15	
16	
17	
18	

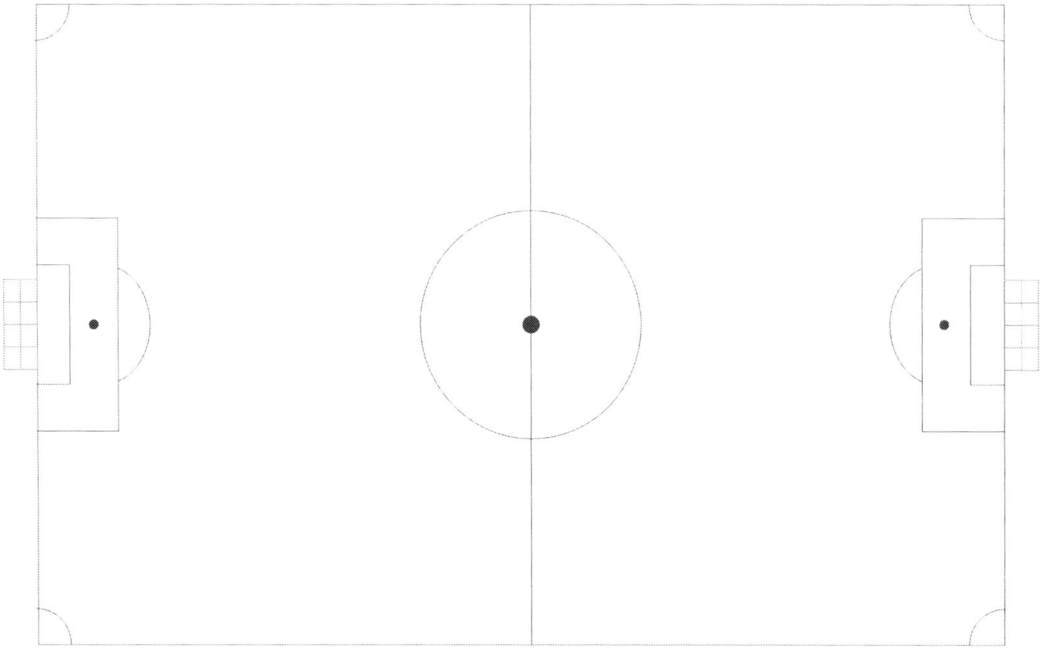

Date _____ Match _____

Opponent _____ Home ◯   Away ◯   Final Score ▢ — ▢

Players   Coaching Notes

1	
2	
3	
4	
5	
6	
7	
8	
9	
10	
11	
12	
13	
14	
15	
16	
17	
18	

Date _____   Match _____

Opponent _____   Home ○   Away ○   Final Score [ ] — [ ]

Players	Coaching Notes
1	
2	
3	
4	
5	
6	
7	
8	
9	
10	
11	
12	
13	
14	
15	
16	
17	
18	

Date _____   Match _____

Opponent _____   Home ◯   Away ◯   Final Score ☐ — ☐

Players

1	
2	
3	
4	
5	
6	
7	
8	
9	
10	
11	
12	
13	
14	
15	
16	
17	
18	

Coaching Notes

Date	Match

Opponent _____

Home ◯ Away ◯   Final Score ☐ — ☐

Players

1
2
3
4
5
6
7
8
9
10
11
12
13
14
15
16
17
18

Coaching Notes

Date _____   Match _____

Opponent _____   Home ◯   Away ◯   Final Score ☐ — ☐

Players	Coaching Notes
1	
2	
3	
4	
5	
6	
7	
8	
9	
10	
11	
12	
13	
14	
15	
16	
17	
18	

Date _____   Match _____

Opponent _____   Home ○   Away ○   Final Score ☐ — ☐

Players

1	
2	
3	
4	
5	
6	
7	
8	
9	
10	
11	
12	
13	
14	
15	
16	
17	
18	

Coaching Notes

Date _____   Match _____

Opponent _____   Home ◯   Away ◯   Final Score ☐ — ☐

Players

1	
2	
3	
4	
5	
6	
7	
8	
9	
10	
11	
12	
13	
14	
15	
16	
17	
18	

Coaching Notes

Date _____   Match _____

Opponent _____   Home ○   Away ○   Final Score [ ] — [ ]

Players   Coaching Notes

1

2

3

4

5

6

7

8

9

10

11

12

13

14

15

16

17

18

Date _____ Match _____

Opponent _____ Home ◯ Away ◯ Final Score ☐ — ☐

Players

1	
2	
3	
4	
5	
6	
7	
8	
9	
10	
11	
12	
13	
14	
15	
16	
17	
18	

Coaching Notes

Date _____ Match _____

Opponent _____ Home ◯ Away ◯ Final Score ☐ — ☐

Players	Coaching Notes
1	
2	
3	
4	
5	
6	
7	
8	
9	
10	
11	
12	
13	
14	
15	
16	
17	
18	

Date _____   Match _____

Opponent _____   Home ○   Away ○   Final Score ☐ — ☐

Players   Coaching Notes

| 1 |
| 2 |
| 3 |
| 4 |
| 5 |
| 6 |
| 7 |
| 8 |
| 9 |
| 10 |
| 11 |
| 12 |
| 13 |
| 14 |
| 15 |
| 16 |
| 17 |
| 18 |

Date _____   Match _____

Opponent _____   Home ○   Away ○   Final Score ☐ — ☐

Players

1	
2	
3	
4	
5	
6	
7	
8	
9	
10	
11	
12	
13	
14	
15	
16	
17	
18	

Coaching Notes

Date _____   Match _____

Opponent _____   Home ◯   Away ◯   Final Score ☐ — ☐

Players

1	
2	
3	
4	
5	
6	
7	
8	
9	
10	
11	
12	
13	
14	
15	
16	
17	
18	

Coaching Notes

Date _____   Match _____

Opponent _____   Home ◯   Away ◯   Final Score [ ] — [ ]

Players	Coaching Notes
1	
2	
3	
4	
5	
6	
7	
8	
9	
10	
11	
12	
13	
14	
15	
16	
17	
18	

Date _____   Match _____

Opponent _____   Home ◯   Away ◯   Final Score ☐ — ☐

Players

1	
2	
3	
4	
5	
6	
7	
8	
9	
10	
11	
12	
13	
14	
15	
16	
17	
18	

Coaching Notes

Date _____   Match _____

Opponent _____   Home ⃝   Away ⃝   Final Score ☐ — ☐

Players   Coaching Notes

1
2
3
4
5
6
7
8
9
10
11
12
13
14
15
16
17
18

Date _____   Match _____

Opponent _____   Home ◯   Away ◯   Final Score ☐ — ☐

Players		Coaching Notes
1		
2		
3		
4		
5		
6		
7		
8		
9		
10		
11		
12		
13		
14		
15		
16		
17		
18		

Date _____   Match _____

Opponent _____   Home ◯   Away ◯   Final Score ☐ — ☐

Players

1	
2	
3	
4	
5	
6	
7	
8	
9	
10	
11	
12	
13	
14	
15	
16	
17	
18	

Coaching Notes

Date _____   Match _____

Opponent _____   Home ◯   Away ◯   Final Score [ ] — [ ]

Players

1	
2	
3	
4	
5	
6	
7	
8	
9	
10	
11	
12	
13	
14	
15	
16	
17	
18	

Coaching Notes

Date _____   Match _____

Opponent _____   Home ◯   Away ◯   Final Score [ ] — [ ]

Players

1	
2	
3	
4	
5	
6	
7	
8	
9	
10	
11	
12	
13	
14	
15	
16	
17	
18	

Coaching Notes

Date _____ Match _____

Opponent _____ Home ◯ Away ◯ Final Score ☐ — ☐

Players

1	
2	
3	
4	
5	
6	
7	
8	
9	
10	
11	
12	
13	
14	
15	
16	
17	
18	

Coaching Notes

Date _____   Match _____

Opponent _____   Home ◯   Away ◯   Final Score ☐ — ☐

Players   Coaching Notes

1	
2	
3	
4	
5	
6	
7	
8	
9	
10	
11	
12	
13	
14	
15	
16	
17	
18	

Date _____   Match _____

Opponent _____   Home ◯   Away ◯   Final Score ☐ — ☐

Players   Coaching Notes

1	
2	
3	
4	
5	
6	
7	
8	
9	
10	
11	
12	
13	
14	
15	
16	
17	
18	

Date _____   Match _____

Opponent _____   Home ◯   Away ◯   Final Score ☐ — ☐

Players

1	
2	
3	
4	
5	
6	
7	
8	
9	
10	
11	
12	
13	
14	
15	
16	
17	
18	

Coaching Notes

Date _____ Match _____

Opponent _____ Home ◯ Away ◯ Final Score [ ] — [ ]

Players

1	
2	
3	
4	
5	
6	
7	
8	
9	
10	
11	
12	
13	
14	
15	
16	
17	
18	

Coaching Notes

Date _____   Match _____

Opponent _____   Home ◯   Away ◯   Final Score [   ] — [   ]

Players	Coaching Notes
1	
2	
3	
4	
5	
6	
7	
8	
9	
10	
11	
12	
13	
14	
15	
16	
17	
18	

Date _____   Match _____

Opponent _____   Home ◯   Away ◯   Final Score ☐ — ☐

Players		Coaching Notes
1		
2		
3		
4		
5		
6		
7		
8		
9		
10		
11		
12		
13		
14		
15		
16		
17		
18		